ESTUDOS PARA O SEU CORPO

FABRÍCIO CORSALETTI

# Estudos para o seu corpo

Copyright © 2007 by Fabrício Corsaletti

*Capa*
Angelo Venosa

*Revisão*
Arlete Sousa
Otacílio Nunes

Dados Internacionais de Catalogação na Publicação (CIP)
(Câmara Brasileira do Livro, SP, Brasil)

---

Corsaletti, Fabrício
Estudos para o seu corpo / Fabrício Corsaletti – São Paulo : Companhia das Letras, 2007.

ISBN 978-85-359-0980-7

1. Poesia brasileira I. Título.

07-0186 CDD-869.91
---

Índice para catálogo sistemático:
1. Poesia : Literatura brasileira   869.91

[2007]

Todos os direitos desta edição reservados à
EDITORA SCHWARCZ LTDA.
Rua Bandeira Paulista, 702, cj. 32
04532-002 — São Paulo — SP
Telefone: (11) 3707-3500
Fax (11) 3707-3501
www.companhiadasletras.com.br

*para Mari*

# Sumário

Movediço, 13
[2001]

CAQUIS PODRES, 17

"Acontecia às vezes", 19
"meu avô morto", 20
"não procuro ninguém", 21
"A cidade não cabe", 22
Tomates, 23
Sol, 24
Jazz, 25
Movimento, 26
"Meu olho fora de foco", 27
Familiar, 28
"antes as águas libertavam", 29
Dois sóis, 30
Teta alegórica, 31
Parceria, 32
Cavalo, 33
Cãozinho, 34
Intervalo, 35
Mulher, 36
Céu azul, 38
Pra frente!, 39
"entre verdugos", 40
Anulação, 41
Aprendizado, 42

"um produto", 43
Ventos, 44
"Hoje estou menos elíptico:", 45
Pela avenida, 46
Chorinho, 47
Gralha, 48
Canção, 49

SLOW BOAT TO CHINA, 51

Slow boat to China, 53
Slow boat to China 2, 54
Amor, 56

ADEUS, ARMÁRIOS MOFADOS, 57

Adeus, armários mofados, 59
Meninos soltando pipa, 60
Sem acordo, 61
Tenso, 62
"estou chegando meu poema", 63
"enquanto esperamos a morte", 64
"afora você, nenhuma", 65
"saudade pneu velho cheio d'água", 66
Paula aos 4 anos, 67
Girassol, 68
Destravamento, 69
Movediço, 70
"o que eu tinha pra dizer dançou", 71

O sobrevivente, 73
[2003]

1, 77

O osso da perna, 79
"Avessa", 80
A estranha, 81
A casa, 82
"Amo aquela mulher", 83
"Gostei porque não cheirava", 84
"a ruiva molhada", 85
Ponto de vista, 86
Balada, 87

2, 97

O sobrevivente, 99
"gostaria que alguém me explicasse", 101
A aranha, 102
Memória dos dias comuns, 103
Prece, 104
Barão do Rio Branco, 805, 105
"fabrício:", 106
"nunca mais voltarei", 107
Canção dos dias iguais, 108
Canção de inverno, 109
Canção para Raissa, 110
"Depois de ti serei:", 111

História das demolições, 113
[2007]

História, 117
O amor, 118
História das demolições, 120
Ônibus, 121
Poema de amor, 122
Poema dos 26 anos, 123
"sob o osso da lua", 124
Dois poemas para minha sombra, 125
Canção para Zaba, 127
Canção do barco de madeira e ouro, 128
Viajar e você, 130
Para una chica melancólica, 131
"por nove anos", 132
Canção do que não vi, 133
Canção de depois do amor, 134
The good lion, 135
"sou o irmão mais novo do mártir", 136
Onde ela vive não importa, 137
"não estão mortos", 138
Lembrança, 139
Ela e sua cidade, 140
A partir dos seus olhos, 141

Estudos para o seu corpo, 143
[2007]

*pernas*, 147
*olhos*, 148
*orelhas*, 149
*boca*, 150
*barriga*, 151
*cabelos*, 152
*articulações*, 153
*bunda*, 154
*axilas*, 155
*sobrancelhas*, 156
*costas*, 157
*ombros*, 158
*braços*, 159
*pés*, 160
*nariz*, 161
*mãos*, 162
*pescoço*, 163
*quadris*, 164
*seios*, 165

# Movediço
[2001]

*para Cidinha*

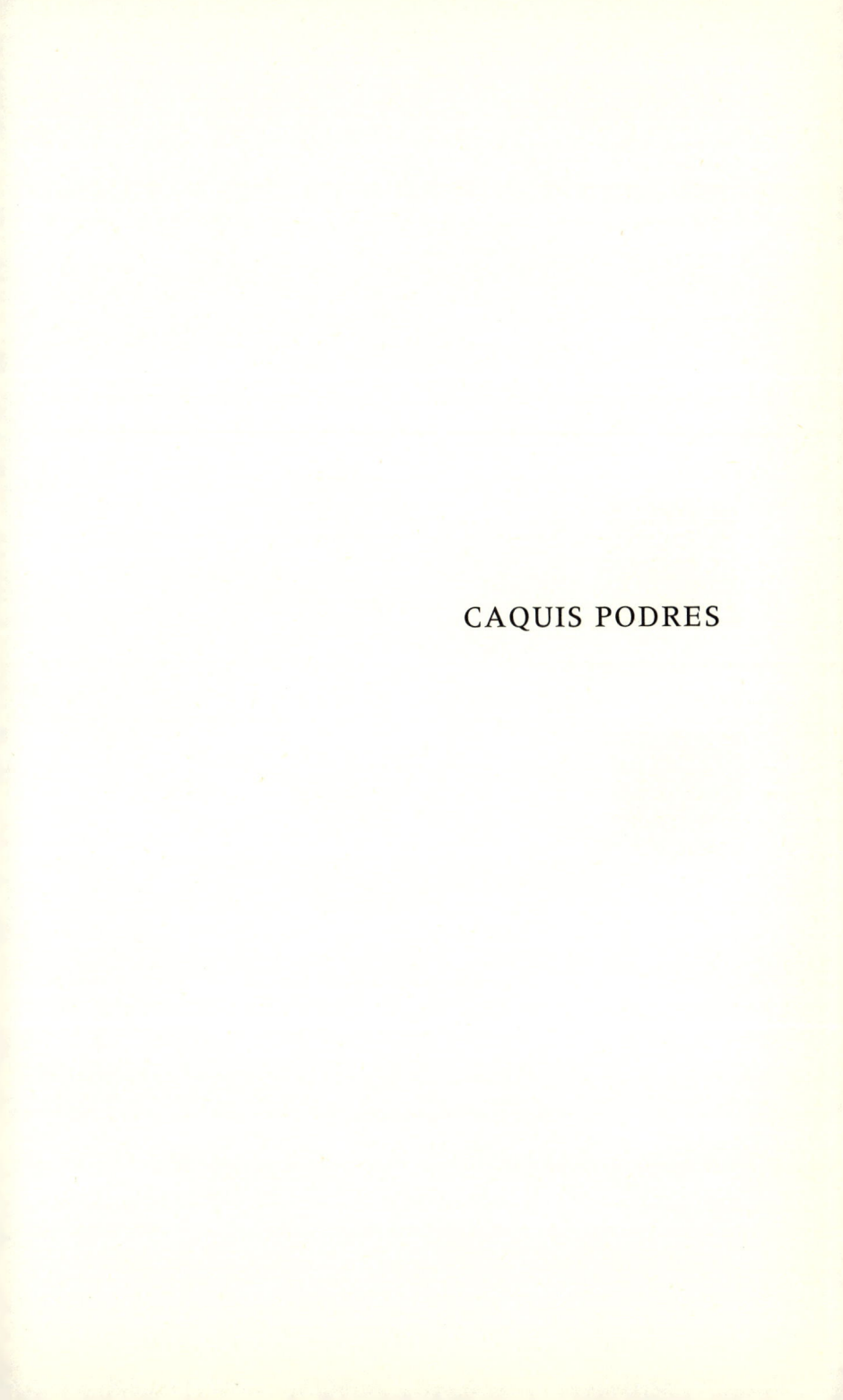

CAQUIS PODRES

Acontecia às vezes
da cidade
se abrir como manhã de maio
na minha frente hoje
entanto há nem
                    vento solução
de nuvem manga
mordida no úmido quintal
onde minhocas caramujos caquis podres

meu avô morto

eu fui andando

a cidade era maior
mas eu tinha menos medo

nenhuma droga
nem um cajado
os olhos arrepiados

      /eu fui andando

não procuro ninguém
nesta cidade
corpo entre ruídos
vozes
posso morrer
dez da manhã
meu pensamento
sempre
em outro lugar

boi comendo capim
avô        cavalo

A cidade não cabe
cheguei no limite do poema
você não entra no poema
digo você —
tudo menos o que
não cabe em mim
(amor)
quantos lugares eu quis
conhecer

# Tomates

os tomates
fervendo na panela
meu pai minha mãe
na sala televisão
fiquei olhando
os tomates
estava frio o bafo
quente dos tomates
esquentava as mãos

saía da panela
já naquele dia
um cheiro
forte de passado

# Sol

Paisagem de bois —
os grossos pontos brancos
(não podem ser apenas
a carne nos mercados)
sobre o verde chapado das pastagens

sol primitivo        sem literatura

(perdêramos a linguagem,
não tivéramos mais
que os arrepiados olhos
do delírio!)

..................................................................................

sol
sol primitivo
      esta manhã nascendo
           a solidez desses bois
(seria preciso um soco
no olho do dia
o pus da pastagem
enfim rasgado
o vão — o mundo aberto — em que esses bois se
                            [movem
e o sol)

# Jazz

Já magoei muitas pessoas
ainda não posso ver o mar
meu olho fora de foco
não me deixa ver

não estou pedindo ajuda
juro que não é vaidade
pela primeira vez

estou passando, pedindo licença
muito delicadamente
não estou escrevendo
estou desrecontando
    (mas são tantas metáforas)
a história do meu remorso

só a morte ou jazz
libertam

# Movimento

Pela janela não posso.
Não posso fazer
        — um movimento.
A palavra epopéia é
rechonchuda, de papel celo-
fane: não tem nada a ver
com jazz. O chorinho é a trilha
sonora da vida:
"Esperar pelo ônibus assim..." (pausa)

Nenhum limite nos trópicos.
Nem delicadeza de outono.
Preciso trepidar palavras.
Ou de uma noite no sertão.

Meu olho fora de foco
não me deixa ver
às vezes à tarde
me pressinto além
dessa dor atávica
a hora mostra sua perna
o segundo escancara o osso

vejo crianças sorrindo e
desconcertado sinto
cócegas na língua

# Familiar

não ouve mais
o trauma de
um grito:

a dor de
ser parte ainda
de uma família:

quer morar em todas as
casas que vê
e imagina

antes as águas libertavam
não os olhos de açude

# Dois sóis

Como se
o sol
fosse
possível
ser dois
sóis:

essa
mulher
(faz
sol
por acaso)
é um
corpo
de luz
no centro
do dia.

# Teta alegórica

Teta alegórica,
o sol está sobre você.
O sol te banha, te lambe, te acende:
sem dúvida o sol te deseja.
Eu te olho,
eu te destruo e reconstruo,
idealizando exatamente as formas que já tens,
como se elas fossem a idéia genial que eu não tivera.
Eu te olho sem nunca mais fechar os olhos
e tenho a impressão que eles estavam fechados
desde o começo.
Você está ao sol, teta alegórica.
Você engoliu o sol?
Agora o sol é você.
Você é substantiva e adjetiva.
Você é o movimento do meu olhar-te.
Você é uma alegoria de mim mesmo.
Você é uma alegoria de você mesma.
Você é tão real, você é tão você
que você parece.

# Parceria

Aos seis anos taquei
um gatinho
de quatro meses no muro
do quintal o
bichinho estava
agonizando quando meu
avô chegou
e disse ih esse não
tem mais
jeito e na mesma
hora fez
um buraco no chão
e enterrou
o gatinho
ainda vivo

# Cavalo

    Vejo o cavalo no pasto verde:
    O cavalo é baio, o pasto um tapete:
    O cavalo é sujo e o tapete amargo:
    E há nuvens em torno, num ritual:
    Um vento mínimo e desabo:
    Se já fui cavalo por que tapo os olhos?
    Quem tirou a sonoridade dos meus cascos?

# Cãozinho

o cão raivoso
baba
através da cidade com instinto
de caçador
morde os motoristas desatentos
dos pedestres
arranca tenros pedaços
de carne das coxas dos braços
mordisca-lhes os olhos
disseca os corpos dos familiares
     fareja esses humanos
     enlouquecido
e pára:

cãozinho piedoso, melancólico
não tem coragem de comer ninguém

# Intervalo

Da padaria pra casa.
Estão conspirando contra.
Sentem o cheiro no ar.
Escorrem pelas calçadas.
Com seus narizes ferozes te procuram.
São os que ainda não sabem da morte.

Ficarei no limite ou arrebento?

Patrícia roda na sala
luzes rebentam
invento —

# Mulher

a mulher com cheiro
de pão fresco boca
púbis da manhã

toda redondilha
mas escancarada
entra no poema

ou não sai da vida?
pois qual a medida
(que vai defini-la)

para limitá-la?
só mesmo escrevendo
como quem desconta

o caminho inverso:
desdizendo o curso
de um discurso incerto:

um percurso interno
que no fim das contas
só quem soube sabe,

que a mulher com cheiro
de pão fresco boca
púbis da manhã

só se encontra entre
o que se escreve
e o que se pressente

# Céu azul

O céu azul é o poético sem mediação
olho e céu se entendem
você fica do lado de fora
pensando nos seus problemas
de homem moderno comum
até que pede licença
e sai de fininho
com seu olho orgulhoso
que sabe
(você sabe)
mais que você

# Pra frente!

Sozinho
como um
bicho:

pra frente! —

arrancando
uma a uma
as novas
terríveis
raízes

arrancando-as
como
quem arranca
uma a uma
as unhas
da mão

entre verdugos
e verduras
só com olhos de gato
teria solução

assim
olhos de cachorro
dentes rangendo de ódio
não

poesia pra mim
é (difícil)
saber a hora
de puxar o gatilho

# Anulação

Não vai sair nada
além de três
ou quatro palavras
que não quero mais usar
eu poderia esperar
mas no fundo
qualquer
imagem me serve
em todas
me anulo
como um sol
talvez seja o tempo
de pôr um limite
mas continuo
muito assombrado
com muita coisa
que anda por aí

# Aprendizado

Aprender
a ser sozinho
além de toda
melancolia
não esperar
nada das coisas
nem de ninguém
mas encantar-se
com tudo o que
é vivo
e imprime
um rastro fugaz

o amor
virá depois
como um sacramento

um produto
de séculos
de desamor,
o homem
que sou me angustia
e não me deixa
ver o dia

ah um dia
ainda
virá? o dia
em que eu serei
de fato
o dono
de tudo
o que em mim
é nato

# Ventos

Quero um dia de vento:
a idéia das folhas,
a comida simples,
a lua fácil de se pegar com o garfo.
Cansei da tragédia da vida,
quero o amor me roçando a cara
como quem faz alusão aos pássaros.
A vida por uma mulher,
a vida por uma idéia.
Sem nenhum desespero.
Seguro de si como um bom verso.

Hoje estou menos elíptico:
sonho com você
minha loucura discreta
tarde de sol
noite de cheiros
saímos por uma rua
bela como eu nunca vi
sem nenhum peso
eu de rosto lavado
teu sorrisíssimo largo
ritmos calmos
nossos passos

# Pela avenida

    seguimos de propósito
    além da rua em que devíamos entrar
    o carro deslizava na avenida
          um tango alterava o trivial
    confirmávamos
        velhas certezas
                você sorria

    agora
    é como se eu tivesse
        um amuleto de vento

# Chorinho

Com tanto carinho
queria fazer um chorinho
simples pra você
      muita saudade
a música deixa
         a gente dizer
coisas como "volta meu
           amor" mesmo
quando o amor nem
está longe, como você
aqui junto de mim
      tão bonita, sabe o amor
feito uma flor? sabe
        é muito mais duro
        muito mais
        difícil o amor
dói dentro do quarto
          da gente
o amor é muito só

# Gralha

Você fala como uma gralha
embora
sua voz doce
palavra avelã.

Dentro desta piscina — estamos
num bar —,
ó surdo silêncio das águas!,
dentro daqui não posso
ouvir ou ver
nada agora:

só posso pensar espantado
na naturalidade
da morte.

# Canção

mais do que não quero a morte
ainda mais do que a vida
quero você

você será a canção
a paisagem para os dedos
o cotidiano das pousadas

será a alegria do milho
a paz dos cemitérios
o tumulto de Ipanema

és mineira e carioca
vens da terra calma e do mar
estás sempre adiante —

SLOW BOAT TO CHINA

# Slow boat to China

Sim, amor
nós iremos
de barco
ou sobre folhas secas
simplesmente
é esse o ritmo
(nem é mais um som)
de uma leve correnteza
nós deslizamos
enquanto em volta
há uma estranha combinação
de chineses
e margaridas

# Slow boat to China 2

Se fôssemos juntos numa terna viagem
que já conhecemos pelos poemas e canções sobretudo por certas canções,
e se fôssemos juntos procurando aos poucos a harmonia
que talvez esteja no brilho quente da pele do seu rosto do seu colo e dos dedos dos seus pés,
e se além disso tivéssemos um minuto ou um pouco mais de tempo de sossego sem a preocupação do mercado da padaria do aluguel deste apartamento comum e bom e no entanto pouco,
e se pudéssemos tomar aquele porre amanhecer olhos cansados aí sim padaria lirismo bobo e trágico pão às sete da manhã
(nas últimas semanas foi tanta realidade que não tenho como dizer ó mar estranho corpo corpo meu ó mar solitário),
e se com o pouco que pudéssemos suportar da consciência da morte que nos uniria certamente ó mortos meu avô e os que virão seríamos os próximos,
e quem sabe na utopia de um só dia o sol crestando nossos corpos noutras praias você eu sei que linda ficaria meu desejo imediato sóbrio e velho cores campos olhos deslumbrados,
e se não mais desesperados mas sem esperança ainda,
e se nascesse um verso doce e acre como o mar e pele feminina

..........................................................................

 Ai coração ainda adolescente que ressurges buscando o decassílabo solene
 não dá mais tempo a vida te chama com seu exagero de formas volumes cores e desilusões
 veste os tênis mais comuns a calça mais sem graça e sai por aí sereno e decidido tentando fazer o bem com os teus pés cujo capim é úmido desejo macho de explodir contra os espaços luminosos corpo e espírito

# Amor

nos isolaremos
como se isola
o som
que sai do
sax
de Charlie Parker
como atingem
o alto-mar
alguns navios
como se perdem
datas cabelos
amigos como se consomem
laranjas doçuras
jornais
como se destroem
vidas
edifícios
motoristas

# ADEUS, ARMÁRIOS MOFADOS

# Adeus, armários mofados

adeus, armários mofados

meus olhos porejando
no deserto imaginário

nunca tive ligações
com esse ninho de traças

sou do podre do quintal

vivo à margem como vive
à margem também o sol

teu corpo lençol de sal
aqui vai mais um adeus

nem sempre procuro a morte
mas sempre corro algum risco

## Meninos soltando pipa

dois meninos subiam a rua soltando pipa
era domingo e havia a ressaca
do meu cérebro exausto

mais uma casa em que quis morar

os grandes volumes dos carros, o silêncio

e a sensação de que tudo já foi
ou poderia ter sido
de outra maneira

# Sem acordo

Meu pai fez
um papagaio azul
e pôs no centro
em branco a letra F —
o papagaio do Fabrício.

Eu ficava atônito
pequeno do seu lado
enquanto ele fazia
o bicho azul voar.

Hoje quando lembro
o papagaio meu pai eu do lado
é como se olhasse por trás —
eles olham o papagaio
eu olho os dois e o papagaio
e não chegamos a acordo nenhum.

# Tenso

rolo de arame farpado
tora de peroba
de aroeira
todas as formigas
do couro da minha cabeça
meu queixo
minha mão
meu pau meu punho
meus tensos dentes

estou chegando meu poema
do meu corpo
rolo
de arame farpado
tora
de peroba de aroeira
todas as formigas
do couro da minha cabeça

meu queixo
minha mão
meu pau meu punho
meus tensos dentes

estou chegando lá

enquanto esperamos a morte
façamos alguma coisa
poemas desgovernados
noites calmas em varandas
admiremos o tempo
amarelo a cada ano
verde em certos amores

não pegará fogo
em nada se eu não aprender
algo de bom como a água
saudade de tantas casas
que é melhor calar a boca
a mão o computador
e pensar sério com força
no poder de certas árvores

afora você, nenhuma
mulher me seduz
é você que quando olho
vejo estilhaços de luz

andando pela calçada
sinto meu corpo fechado
contra chuva e contra bala
se a morte vier
que venha de uma vez

saudade pneu velho cheio d'água
despojar-se despojar-se
a boca cheia d'água
do jato
que jorra da mangueira de borracha
enfim quero viver melhor

## Paula aos 4 anos
*para o Vi*

mais bonitos que potros
mais verdadeiros que peixes de água doce
mais meigos e macios que mangas maduras

os cabelos cacheados de minha irmãzinha,

os quais este mundo não merece

# Girassol

    Este girassol
        de ódio
    pode de
    repente explo-
    dir seu amarelo, mas

    se amarelo e
    passível de
    explosão — não
        será ele o
    meu último soco
        de esperança?

    Imagino que pode,
    este girassol,
    vir a ser
        amor,
    ou morrer,
    silencioso,
    nesta página.

# Destravamento

O arado vai cortando a terra em sulcos
Ouço o trepidar das raízes cortadas
Posso imaginar o pasto novo crescendo
E imaginar o que depois é o barulho
Das fibras trituradas nos dentes dos bois —
Travo o maxilar, finco os pés na terra:
Sou de muito tempo atrás

# Movediço

sou antigo e
movediço
como o mangue

não sei
como não enlouqueci
aos 16

ainda tenho forças
pra destruir este quarto
este corpo os postes
da rua —

mas não posso
morrer não posso
não assim
maravilhado

o que eu tinha pra dizer dançou, essa é a impressão. há muito tempo não estou dizendo nada. desenhando uns sons tocando o ritmo esticando a corda até que pum! a corda arrebenta. mas não estou brincando você sabe: a coisa é séria e rir é a maneira de não falar nessas coisas. eu só estou falando disso, nada mais. fátima meu amor, se me mato você falha? ando pensando nessas coisas que aí no seu divã não têm o menor sentido. o que disse pra lucimara: aqui em anastácio vou morrer. ela disse: é uma opção. eu disse: é e não é. não é opção. é resistir se livrar sublimar dar um jeito ir viver é isso. mas não opção. um dia a merda coalha, um dia a corda estoura. meu avô ficou dois anos no pará brigando por terra voltou só camisa rasgada chinelo de dedo calça velha deprimido quinze dias sem falar com ninguém. dois anos. depois vem meu pai olhos vidrados diz é a minha vez. eu disse chega pai se você foge eu não posso você vai ter que esperar. agora sou eu que vou lanhar as costas das idéias. chile são paulo parker cortázar raduan torquatoneto. mas só eu ninguém mais além me representando pelo amor de. pelo amor de uma vaca parindo de manhã. adeus. estou diante de uma pele de moça bronzeada ou folhas secas no frio cobrindo a rua. isso você não pode pegar. mas eu estou ligando as coisas não esperem que eu acenda a árvore de natal. porque daqui de anastácio (pode ser de qualquer lugar etc.) daqui não sou eu sou mais que eu desfigurado sem metáforas sem tempo cheio de remorso sei que aqui posso morrer (não virá revelação) rio de janeiro chile manaus rio amazonas qualquer lugar que me tire daqui (escrevendo de são paulo escrevendo de são paulo, leitor canalha). mas em qualquer lugar tem esse grito tem acho a única saída esse desenho corda esticada (nervos) pronta pra arrebentar

O sobrevivente
[2003]

*para Flávia*

1

# O osso da perna

a única
maneira de
mostrar o osso
desta
perna sangrando

é arrancando
a perna
comendo-a
crua
coxa de frango avestruz na mão
batendo
depois
o osso na página

eis o osso da perna
o osso da perna
o osso da perna

*para minha mãe*

Avessa
aos gritos aos excessos
a equilibrista do caos
a de inexorável doçura
a que não escolheu sua personagem
a que dá adeus sorrindo
porque vê no amor um exercício de liberdade

# A estranha

A mulher que dorme do meu lado
de repente é uma estranha.
Amá-la não é o mesmo que conhecê-la.
Há cinco anos dorme do meu lado.
Mas creio que antes nunca vi essa mulher.

# A casa

Olho demoradamente
a casa onde você mora.
É uma parte da cidade
que não conheço,
pois nunca estive na sua casa.
É também um templo:
dentro dela pés sagrados caminham.

Amo aquela mulher
desde o momento
em que a vi mijando
descontrolada em pé

aquela mulher
era o puro amor

Gostei porque não cheirava
        a perfume nenhum
nem falava mal da cidade
        onde nascera
gostava de sexo e
entendeu perfeitamente
          meus propósitos
no final disse:
  "foi bom,
  melhor do que eu imaginava"

a ruiva molhada
da sala de bate-papo
sumiu

# Ponto de vista

a brancura da tua roupa
agrava tua carne clara

pra mim não é nada fácil
não termos contato físico

precisava do teu corpo
do teu olhar negro denso

depois eu te devolvia
novinha em folha sem marcas

mas não te conheço direito
não sei se me emprestarias

tuas articulações
tuas outras maravilhas

de qualquer forma o endereço
está no final da folha

se der certo apareça
dou banho afeto comida

de manhã verás o sol
sob o meu ponto de vista

# Balada

1

faço meu trabalho
não troco palavra
com ninguém
na sala ao lado
você de cabeça baixa
cachecol no pescoço
respiração de bicho
atravessa a porta
(um mesmo ar nos une)
vestida educada
a fera escondida
insinuada penso
sua romã fendida

2

amor
sua existência
me acusa
dos dias
superficiais
em que você não estava

3

não sei se devemos
queimar navios
ou velejar

**4**

quando eu tinha 16
depois do almoço
sentava no parapeito da janela
o vento entrava no quarto
nos cabelos
eu abria o livro
a garrafa de café do lado
lia achava
que o vento
vinha dos poemas

5

comprei *suflair*
pão e manteiga
passei café
não agüentei esperar
comi minha parte
quando você chegou
fiquei olhando

sobrancelhas de morcego
a blusa de lã azul
o casaco de couro cru

6

você levantou da cama
eu a vi caminhar até o banheiro
fiquei reparando
no seu andar cauteloso que não queria me acordar
achei lindo mas quando você voltava
o despertador tocou e tive que sair para um
                         [compromisso
urgente

7

escreva sobre sua
paixão por suicidas
sobre os
problemas no seu apartamento
sobre sua infância
como deseja passar a velhice
com quem

8

entrei na sala
onde você trabalha
estava vazia sentei
na sua mesa
vi o sol se pôr
do seu ponto de
vista

9

pensei um poema curto
para que você pudesse memorizá-lo
sempre que saísse de casa
se acaso quisesse me sentir próximo
diria em voz baixa os versos

10

a ternura
como último desdobramento da revolta

2

# O sobrevivente

O polvo repugnante.
O peixe-boi estufado.
O leão-marinho de petróleo.
A vaca sobre a cama de casal.

*

A cara balofa com hematomas.
A lágrima espessa
que não escorre.
O débil focinho achatado.
Os pés destruídos pelo álcool.

*

Quando os meninos viram
a baleia agonizante na praia
pegaram lascas de madeira,
crivaram o corpo do mamífero:
queriam conhecer a textura dos músculos.

*epílogos possíveis*

É um movente que definha
em pleno meio-dia na calçada.
O sobrevivente de si mesmo.

\*

O mundo é dos peixes magros.
Das aves migratórias.
Dos homens que cantam.

gostaria que alguém me explicasse
o que é livre-arbítrio
gostaria muito que me explicassem
o que entendem por livre-arbítrio
porque realmente não sei o que é isso não tenho
a menor idéia do que seja
o livre-arbítrio

# A aranha

Não importa a idade, a aranha
em algum momento
se cansa e não quer mais
atear suas lentas cordas no espaço
infinito. O mundo lhe parece
veloz e estranho, e raramente ela deseja
ser veloz. Está liquidada, e segue em linha
reta, sem olhar para os lados,
porque os movimentos circulares a entontecem;
além de duvidar da suposta liberdade
que a loucura de caminhar em labirintos elásticos
pudesse lhe dar: crê que o louco sabe que é louco.
Enfim, ela quer um ritmo justo.
Eufórica, esse ritmo (que ela apenas intui)
se transforma, e de olhos fechados, escura e fosca,
ela sonha ser — mas isso seria a alegria! —
uma enguia num mar branco,
um límpido escaravelho.

# Memória dos dias comuns

*para Paulo Werneck*

a tia Eduarda o tio Lito
as aulas de Kumon
a casa do Gago
o Fraquinho
a gata sem olho do Frango
as orelhas enormes
do presidente do Rotary Club
o futebol que eu jogava tão mal
o Jeovan colega de escola
os oito pratos de macarrão
ir para o sítio de bicicleta
tantos lambaris
os barulhos
de serra elétrica
o cheiro de carne com batatas
às onze horas
vindo da cozinha
a panela de pressão

os dias decisivos
os sentidos
as idas e vindas
da vida
não

# Prece

Senhor, tua imagem paterna hoje me falta
e o casarão da infância, devastado,
era onde nos buscávamos eu e ela,
enquanto o menino com olhos de potro
recolhia cacos de vidro a nossa volta.
Senhor, com humildade percebo que não estou feliz.
Esta tarde com o ouro de outras tardes
e esta tarde apenas, sem passado:
como conciliá-las?, como conciliar
o fogo de tantos verdes, de tantas mortes?
Mesmo esta oração — a pura ausência —
ainda é vigorosa e quer
o sono com seivas.
Não abandones, Senhor, o meu desejo
na ordem sem liberdade,
no caos sem amor.

# Barão do Rio Branco, 805

grandes galões transparentes
todas as cores de detergentes
sobre a carroceria

fabrício:

livre de mim, como querias,
e apavorado,
como não supunhas,
nem poderias evitar,
que será de ti?

contigo, comigo
mas independente de nós
o menino que fomos
        mantém-se
fiel a si mesmo
e nada podes fazer
para destruí-lo

a ele não importa
se és feliz
        ou culpado

quanto a mim, estarei
sempre
ao teu lado

nunca mais voltarei
a certos lugares
é possível viver
sem voltar
jamais a eles

o que serão
para outros
não sei
        para mim
têm desde já
uma faixa que os cinge:
*não entre*

cidade fechada,
a ti pertencem agora
as regiões negras
              e ocas
do meu peito
— onde nada há
nem houve

## Canção dos dias iguais

cansado
em casa depois do trabalho

os pés para cima
depois do banho relaxados

o que passou passou
e o que não tem passado —

o que não tem solução
não solucionado

— da janela vejo
a cintilação

das luzes os carros
sexta, depois o sábado

# Canção de inverno

a luz mais fina
incide nos prédios

os nomes dos meses
têm as cores certas

toalhas ao vento
nuns poucos varais

os homens confun-
dem cansaço e paz

a infância no barro
torna-se improvável

só a ternura adulta
pactária do acaso

# Canção para Raissa

um travesseiro de nuvem
não encontrei na cidade

o céu devia estar sujo
as lojas tinham fechado

mas amanhã de manhã
o dia vai ser puro azul

as lojas levantam portas
nos oferecem de tudo

vou comprar o travesseiro
você vai dormir feliz

um sono sem fingimento
máximo sonho da atriz

Depois de ti serei:
o fiel cujos atos pressupõem a existência de um deus,
o sábio para sempre marcado pela verdade,
o poeta que traz um sol particular consigo
e por ele resiste sem esperar glória alguma.

De ti a esperança nascerá feito uma ordem.

És a revelação total da beleza,
Angie Cepeda.

# História das demolições
## [2007]

*para Chico Mattoso*

# História

Na cidade em que nasci
havia um bicho morto em cada sala
mas nunca se falou a respeito
os meninos cavávamos buracos nos quintais
as meninas penteavam bonecas
como em qualquer lugar do mundo
nas salas o bicho morto apodrecia
as tripas cobertas de moscas
(os anos cobertos de culpas)
e ninguém dizia nada
mais tarde bebíamos cerveja
as brincadeiras eram junto com as meninas
a noite aliviava o dia
das janelas o sangue podre
(ninguém tocava no assunto)
escorria lento e seco
e a cidade fedia era já insuportável

parti à noite despedidas de praxe
embora sem dúvidas chorasse

# O amor

*para Conrado e Leca*

Quando cheguei
a esta cidade —
todo lambuzado
dos beijos de mamãe,
fulminado
pelo olhar
poderoso de meu pai —
a doce irmã
voava de tapete
no imenso corredor —,
quando cheguei na
seca cidade suja
o corpo
prateado
das escamas
de peixes recém-
saídos do sonho
ou de algum rio
azul do interior e os pés
ainda úmidos
de barro e os cabelos
verdes do capim da infância —
chorei dias inteiros
espessas,
violentas lágrimas
e julguei minha vida encerrada.

*

Agora que minha vida acabou
e não há consolo possível,
agora que minha vida acabou
e não há vingança possível,
o amor é o princípio e o fim
do que penso e faço,
e desde então momento não há
que não seja grande e belo,
e os dias e as noites são igualmente magníficos,
diferentemente magníficos,
e eu não saberia escolher entre eles —
ainda que, mal acomodado nos músculos do coração,
um animal esfolado e triste
continue a expelir
sons incompreensíveis.

# História das demolições

A história das demolições
a história trágica das demolições
não acontece como no cinema
a vida não tem trilha sonora
as paredes caem silenciosamente
(no máximo a pancada dos martelos)
o chão varrido fica melhor
(o passado não voltará no ladrilho novo)
lembrar o que quer que seja é inútil
as imagens da memória são ruins
o que ficasse em nós seria a esperança
mas o que existe não exige lembrança
o que morreu está definitivamente morto
não há sequer a vontade de chorá-lo
o luto mesmo é impossível

# Ônibus

bela e malvestida
o menino de cinco anos
deita a cabeça na sua
coxa direita e dorme
ela não dá um sorriso
uma lágrima razoável
olha friamente através da janela
e eu sinto uma piedade imensa
por essa mulher,
que confundo com amor
um dia ela também já foi
— à maneira dessas meninas bonitas e alegres
que não me interessam —
uma devoradora de céus

## Poema de amor

Agora o meu amor envolve o seu rosto.
Você projeta a cidade de homens livres.
Tento aproximá-la do pássaro branco.
Você só quer que eu me concentre.
Percebo a cidade de homens livres.
Começo a existir e a você me dirijo.
Meus poemas fazem você nascer mais um pouco.
Mas você abandona a cidade de homens livres;
em direção à porta de saída,
seu passo aperfeiçoa o amor.

# Poema dos 26 anos

os espaços abertos
onde a luz foi uma
segunda luz do mundo

são agora

noite vertical
as difíceis estrelas

*para Alexandre Barbosa de Souza*

sob o osso da lua
faço a lista dos mortos

# Dois poemas para minha sombra

1

minha sombra
sob o sol absurdo
copia o meu ser original

mas o que sabe de mim
na noite íntima?

2

minha sombra
não é a alma que perdi

# Canção para Zaba

toda a luz do mundo
vem da casa dela

da mobília ausente
onde ela passeia

os múltiplos braços
as lisas costelas

o mormaço tátil
do detrás das pernas

a fala macia
vau da inteligência —

e outra luz mais firme
que os olhos encerram —

toda a luz do mundo
vem da casa dela

da mobília ausente
onde ela passeia

# Canção do barco de madeira e ouro
*para Lúcia Telles*

no barco de madeira e ouro
no rio leitoso verde-jade

enquanto o sonho é cifrado
entre as agruras diárias

no barco de madeira e ouro
no rio leitoso verde-jade

porque o amor foi vivido
e a culpa é inevitável

no barco de madeira e ouro
no rio leitoso verde-jade

embora o calor de amigos
e os pais que não se calaram

no barco de madeira e ouro
no rio leitoso verde-jade

pois há angústias perdidas
e um presente derrubado

no barco de madeira e ouro
no rio leitoso verde-jade

eu embarquei não há dúvida
para a última viagem

# Viajar e você

longe de você
cada vez mais longe de você
o meu amor que é uma grande mão de dedos sujos e
                                                [desastrados
não mais a perturbará

longe do meu amor
de novo intacta
nascendo a cada dia
a cada dia mais
com você mesma parecida
enquanto o meu amor
viajando aprenderá
a viver em mim
e assumirá o tamanho do meu corpo

então poderemos
correr os riscos
do seu olhar arisco

# Para una chica melancólica

Ella usa la misma voz
en los hospitales
en los bares
en la calle

el mismo gesto suave
(la misma voz)
para sorprenderse
para olvidar
(como si estuviera siempre
olvidando
sorprendida)

pero ¿cuándo enciende más los ojos indios
ya tan inmensamente
incendiados?

por nove anos
seus mínimos pés
palmilharam a Trilha Estreita
de cidades industriais
enquanto eu
na noite paralela ao seu dia
aprendi
perdi

mas você voltou
é domingo
seus filhos
brincam com água
dentro das bacias
você não faz perguntas sobre a minha vida
na mão luminosa do dia
parto para São Paulo
sob o céu japonês

# Canção do que não vi

o céu baixíssimo é o que tenho ainda
dos seus olhos

a mesa guarda
o desconhecimento da sua mão

as ruas são cada dia mais ingênuas
e a culpa é sua

entre as árvores loucas ou bestas
vivo o desconforto de um mundo que a abandona

# Canção de depois do amor

o ar onde você esteve
três dias depois ainda estava morno

voltando da rodoviária
senti que as estrelas já endureciam um pouco —

o amor não terminou nem um instante
na sua mão aberta —

a cada manhã me levanto mais longe
como se viajasse para o sul

# The good lion

O leão alado voltou de viagem
lá está ele no bar de antigamente
os copos de vidro brilham contra o sol
conhecidos conversam com desconhecidos
o leão alado tem os olhos serenos
e a alma transbordante de uma história
que não pode ser contada
porque os que ficaram não podem saber
da vida no país distante
e os protagonistas estão mortos

*para o Caio*

sou o irmão mais novo do mártir

# Onde ela vive não importa

um pequeno sol
como uma moeda
no bolso da camisa

não estão mortos
foram para outra cidade
a que não sei como chegar

# Lembrança

*para Antonio Prata*

as mãozinhas abertas
do homem-bala que não
alcançou o trapézio

# Ela e sua cidade

Vai buscando as nuvens compactas,
como um samba perfeito,
nesta tarde de sol em que a poesia
é menos que a poesia.
Sabe onde estão os vidros da noite.
Tem dedos infinitos,
narinas transparentes,
imperfeitas sobrancelhas intocadas.
Nos seus quadris começa o mundo.
Seu passo aperfeiçoa o amor.
Há redes grávidas, amarelas
em toda a costa do mapa.
De cada bicho rouba uma surpresa.
Pantera branca, garota de colégio
(jamais um tigre de Bengala
desbotado); brancura acinzentada
do cinema em preto-e-branco.
E as palavras vivas, na boca viva,
são um pensamento livre.
(Ela deveria ter sido poupada para o mundo justo.)
Antes de se cansar, desaparece.
Depois amanhece.
Viver para ela deve ser bom.

# A partir dos seus olhos

    o desespero do coração aniquilado
    aponta para o futuro quebradiço como louça
    e o passado é um tempo transmudado em espaço
                              [inacessível

    mas o futuro concebido na alegria do meu coração
    fala aos seus olhos elementares
    como os homens que prescindem da amizade se
                              [procuram

    nesse futuro nascem seus olhos antecipados
    cresce o amor como peito quente de menino
    a minha intimidade com a vida canta intacta

# Estudos para o seu corpo
[2007]

*para Ana Lima*
*e Homero Ferreira*

*pernas*

se apaixonaram por mim
antes de você
mas foram as primeiras
a se entediar

dormem pouco e quando dormem
sonham profissões
que você detesta

não têm nostalgia
e não aceitam ordens
superiores

*olhos*

seus olhos são dois cavalinhos de jade
mas eu só vi um e por que preço
na feira do Bixiga

*orelhas*

sejamos práticos
e sinceros
orelha nenhuma
tem que ser bonita
têm que ser simpáticas
ou inteligentes

as suas são do primeiro tipo

*boca*

capa vermelha
de um livro cujo título
seria
*Neve nos vitrais*

ou
novíssima galáxia em expansão
mas não
assim parece que você se afoga
em purpurina

*barriga*

definitivamente
é impossível
possuir
sua barriga

mas eu prefiro
ó
umbigo
como sois inútil

*cabelos*

não são os seus cabelos que me entristecem

*articulações*

eu deveria amá-la
e descrevê-la
a partir das suas
articulações

cantar
do mar o sal
e não a água

*bunda*

sua bunda jamais terá
ideologia

*axilas*

uma salva de palmas
ao dia distante
da infância trêmula
em que você ficou febril

desde então
houve tremenda reviravolta
na História dos Termômetros

*sobrancelhas*

a perfeição (ao se repetir)
tem que ser imperfeita

*costas*

o que eu queria mesmo —
porque
não vou mais renegar meu romantismo —
era gritar
feito um bardo

país
onde a impunidade
será uma vergonha

*ombros*

no seu perfil
pousa às vezes
a lua japonesa

*braços*

seus braços são a única coisa do mundo
sem morte

*pés*

apenas mencioná-los
para que sejam leves
porém maciços
como a lembrança
do flamingo imóvel

*nariz*

feito a facadas
(desculpe
se a esfolei)

e quente respiração eqüestre
(agora foi mal
agora são várias
egüinhas aladas
saindo das narinas)

*mãos*

abro um pouco a janela
(os barulhos ficam fora)
para entrar a luz

na bacia com água onde você pôs as mãos
luvinhas musicais
(guardam o silêncio)

*pescoço*

impossível não pensar
em Modigliani
nas mulheres de Modigliani
não nas mulheres
dos quadros de Modigliani
mas nas modelos de Modigliani
melhor
na primeira mulher
que determinou em Modigliani
a necessidade de encontrar modelos
parecidas com essa primeira
mulher inventada
por Modigliani

*quadris*

seus ossos devem ser brancos

minhas mãos imploram
pela guilhotina
porque não querem mais meu corpo

eu passo a mão
na cabecinha delas
e as consolo

*seios*

a cidade ignora
o lento trabalho
do ar
nos seus seios

perdoa
perdoa

a nossa ignorância
a nossa banalidade
a nossa amargura
e humor desesperado

sei que existe um mundo
real atrás dos mundos
em que nos defendemos

e concentrado engulo
a saliva
anterior ao deleite

ESTA OBRA FOI COMPOSTA POR 2 ESTÚDIO GRÁFICO
EM MERIDIEN E IMPRESSA PELA GEOGRÁFICA
EM OFSETE SOBRE PAPEL PÓLEN BOLD DA SUZANO PAPEL E CELULOSE
PARA A EDITORA SCHWARCZ EM MARÇO DE 2007